GRANDES

Révélations

Spirites

PAR

HENRI FERLIN

Prix : 1 fr. 50

PARIS

A. MALVERGE, Imprimeur-Editeur

171, RUE SAINT-DENIS. 171

1900

GRANDES

RÉVÉLATIONS SPIRITES

GRANDES

Révélations

Spirites

PAR

HENRI FERLIN

PARIS

A. MALVERGE, Imprimeur-Editeur

171, RUE SAINT-DENIS, 171

1900

PRÉFACE

Oui, ces pages contiennent de grandes révélations, qui concernent notamment : les Ciels créés, l'astre Lysistrata-Paula, les nouveaux Soleils et la Lune nouvelle, les Esprits-Forces, l'âme, les incarnations, la vie de l'au-delà avec ses peines et ses récompenses !

L'heure étant venue de publier ces choses, j'ai essayé de le faire dans un langage exempt d'obscurité, afin que tous puissent comprendre cet exposé, pourtant très succinct.

Paris, le 25 avril 1900

Henri FERLIN.

I. — DU SPIRITISME EN GÉNÉRAL

Le spiritisme est une doctrine philosophique et reli-
gieuse, fondée sur la communication de l'homme avec
des Terriens trépassés ou avec des Êtres qui ne sont
pas nés ici-bas. Cette communication, sous ses formes
diverses, est une réalité embrassant tous les temps,
tous les peuples, toutes les classes, et reposant sur des
preuves aussi solides qu'innombrables. Les siècles
passés nous offrent un vaste ensemble de manifestations spirites qui, sur les points principaux, n'a rien à
craindre d'une critique sensée, impartiale ; et au siècle
actuel, surtout dans sa dernière moitié, ces phénomènes se multipliant ont suscité, en Europe comme en
Amérique, des observations, des expériences parfaite-
ment convaincantes. Plusieurs hommes de génie et
une foule de savants distingués se sont faits les cham-
pions d'une cause si souvent bafouée. Sans doute, le

spiritisme a donné lieu à bien des supercheries ; mais est-ce une raison pour le traiter de fable ? Une doctrine est-elle à dédaigner parce que certaines gens en abusent ? Les Saint-Germain, les Mesmer, les Cagliostro et beaucoup d'autres ont pu parfois faire un coupable usage du magnétisme ; cela autorisait-il à nier le magnétisme, à couvrir de sarcasmes tous ses adeptes, jusqu'au jour où des savants d'envergure ont jugé impossible d'en méconnaître les phénomènes ? Or, c'est le spirite qui a la main sur le magnétisme, sur l'hypnotisme ; c'est lui qui explique rationnellement ces manifestations, petit coin de son grand domaine.

Incrédules, vous pouvez rééditer vos imputations : « pure duperie, contes de bonnes femmes, superstitions, névrose ! » De quelle force cela est-il contre la vérité grandissante ?

La doctrine spirite étant constituée par les assertions des Esprits doit émaner d'Esprits véri...ues. Or, le spirite communique, parfois au même moment, avec les bons et avec les mauvais. Trompé par ces derniers, il lui arrive aussi de l'être par les bons, qui tantôt veulent l'éprouver, tantôt doivent lui cacher encore certaines connaissances. La réflexion et la persévérance sont donc nécessaires pour éviter de dangereuses erreurs et acquérir des vérités supérieures. Les mauvaises communications se décèlent par des propos orduriers, insolents, blasphématoires, et par des actes nuisibles. Presque toujours, les procédés contraires révèlent les bons Esprits.

Il va sans dire que si l'on communique par des médiums, il est essentiel de s'assurer de leur sincérité. Les moyens de communication sont d'ailleurs variés : coups frappés, avec ou sans contact, médiums auditifs, écrivains, voyants, audition et vision directes. Les ouvrages spéciaux donnent à cet égard tous les renseignements utiles.

II. — DIEU ET LA TRINITÉ

Dieu est. Sans doute, ni les philosophes, ni les théologiens d'ici-bas ne l'ont prouvé avec évidence ; leurs raisonnements pèchent toujours en quelque endroit, et il faut s'élever jusqu'au séjour de Lysistrata-Paula pour découvrir la démonstration parfaite de l'existence divine. Cependant, même sur notre pauvre Terre, les raisons par lesquelles on soutient cette existence l'emportent de beaucoup sur les arguments par lesquels on la combat, et si elles ne les détruisent pas tout-à-fait, elles les éprouvent très fortement.

Je ne me livrerai pas à cette discussion dépassant mon cadre, car ce sont les témoignages des Esprits que j'ai voulu résumer. Je me bornerai à énoncer l'argument selon moi le plus fort contre l'athéisme. Il y a sur la Terre des êtres intelligents. Ces êtres ne peuvent avoir pour véritables auteurs ni le hasard qui, par définition même, est inintelligent, ni des choses ou des êtres dont l'action génératrice est machinale. Ils ont donc été créés par une ou plusieurs personnes plus intelligentes qu'eux-mêmes. Ces puissances, ou cette puissance, si elle est finie, n'ayant pu se faire elles-mêmes, ont pour auteurs une autre ou d'autres puissances encore plus intelligentes, et ainsi de suite jusqu'à ce qu'on arrive, non à plusieurs puissances infiniment intelligentes, ce qui serait contradictoire, mais à une seule, pouvant tout créer précisément parce qu'Elle est incréée. Voilà Dieu !

Du reste, un spirite sérieux ne peut méconnaître ce Créateur, dont les bons Esprits lui attestent énergiquement l'existence et lui révèlent les volontés. Quant aux mauvais Esprits, qu'importent leurs négations ? Le plus souvent, d'ailleurs, ils se répandent en blasphèmes : horrible manière d'attester le Seigneur !

Dieu étant l'Être infini n'a, comme tel, aucune forme ; mais par sa Toute-Puissance il peut revêtir le corps qu'il lui plaît.

La Trinité existe, composée du Père, du Fils et du Saint-Esprit. Le Père, c'est Dieu sous une certaine forme; le Saint-Esprit, c'est Dieu sous une autre forme. Le Fils n'est pas Dieu ; c'est la créature la plus éminente de notre Univers. Donc, qui dit le Père et le Saint-Esprit dit l'Etre infini ; qui dit le Fils dit un être fini.

La substance divine n'est rendue sensible qu'au Christ et à l'Archange Saint-Michel.

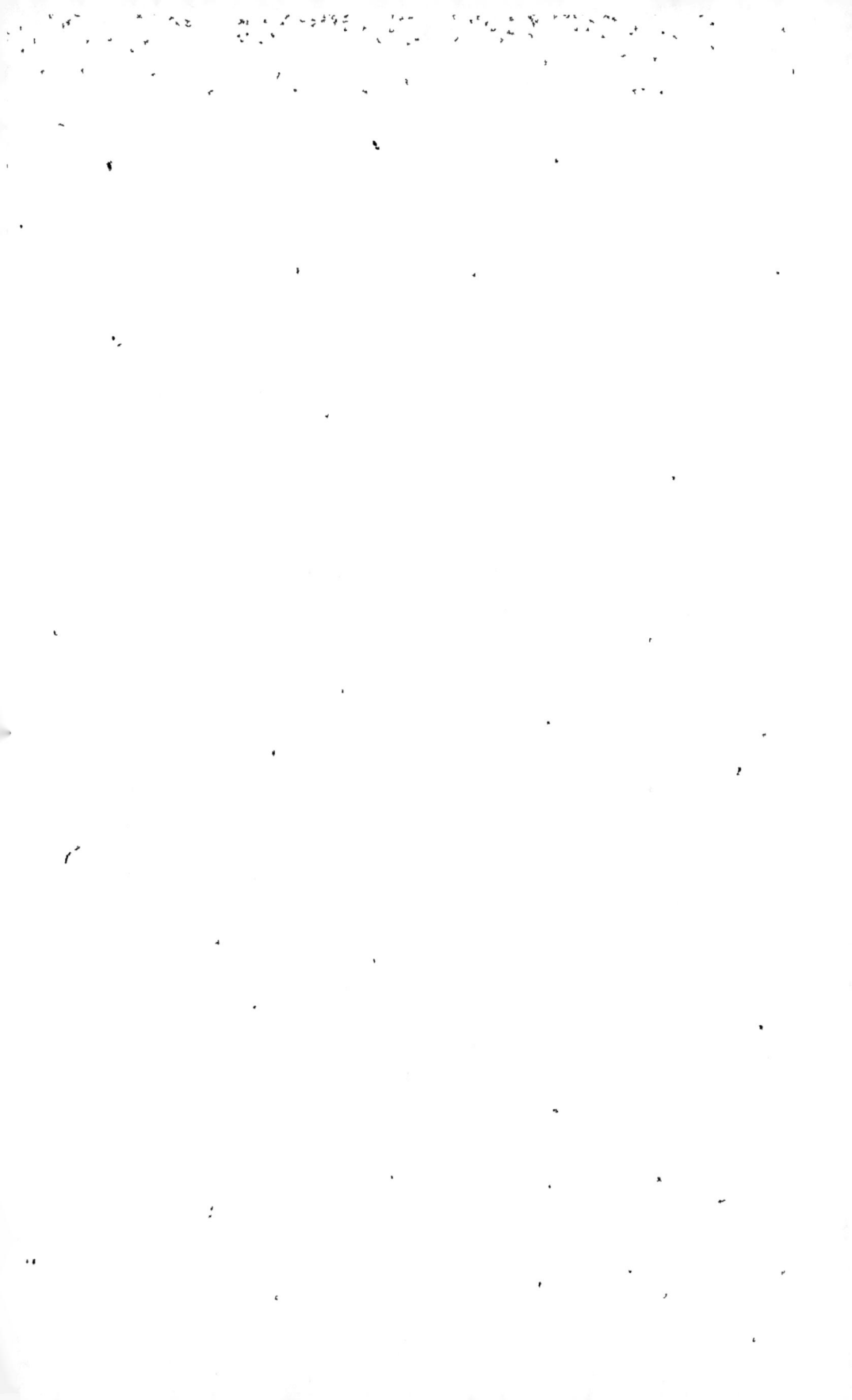

III. — LE CHAOS ET LES CRÉATIONS

L'espace est chaotique ou organisé. Le chaos est obscurité, désordre, horreur ; mais c'est l'amas grouillant des germes de toutes sortes, c'est le sombre fournisseur des créations. L'espace organisé est, à des degrés divers, lumière, vie développée, ordre et beauté.

Les créations ont commencé, mais la Création n'a ni commencement ni fin, puisque Dieu est l'Etre infini agissant dans l'espace et le temps infinis. Comment y aurait-il un point de départ pour la Création, alors qu'il n'en existe pas pour Dieu, pour l'Espace ni pour le Temps ? Dieu a toujours été et sera toujours le suprême Architecte.

Notre Univers, de forme cylindrique, est divisé en 7,000 ciels, créés par la seule volonté du Très-Haut, successivement et par groupes plus ou moins considérables. Nos télescopes les plus puissants ne découvrent qu'environ la moitié des astres des trois premiers ciels.

Cet univers est enveloppé par une région chaotique immense, que seuls le Christ et l'Archange Saint-Michel ont été admis à franchir pour aller contempler d'autres créations.

Le 1er ciel, c'est-à-dire le plus ancien, occupe le bas du cylindre, fermé par l'Enfer, qui touche au chaos. Viennent ensuite, par gradation ascendante : Mercure, Neptune, la Terre, Saturne, Volta, Mars, Vénus, Jupiter, Uranus, planètes ayant le Soleil pour foyer, puis Lysistrata-Paula, qui évolue autour d'un autre Soleil, et enfin le Paradis. Je ne parle que de ces astres, ils sont les plus intéressants pour nous.

Au-dessus du 6e ciel et jusqu'au 1,000e, Dieu n'a pas créé d'êtres ; ainsi les habitants de ces régions s'y sont élevés par la force de leurs vertus et la beauté de leurs œuvres.

On a parlé avec raison de la musique des astres. C'est notre atmosphère qui nous empêche d'entendre le bruit harmonieux des globes célestes emportés à travers les ondes subtiles. Si nous pouvions transporter notre corps terrien au-dessus des couches d'air, nous entendrions cette musique superbe et tonitruante.

IV. — L'AME

L'âme est une petite flamme, de substance une et indivisible, que les créatures portent en plein cœur, et qui est le principe de toutes leurs facultés. Elle ne participe pas de l'essence divine.

Les âmes sont inégales, non par leur nature, mais par l'effet d'un voile plus ou moins épais qui les enveloppe; leur valeur est en proportion de la facilité du rayonnement. Pour cette raison, l'âme de la femme est inférieure à celle de l'homme; elle est supérieure à celle de l'animal. Telle est la grande règle.

L'âme n'est pas la même pour tous les hommes, ni pour toutes les femmes, ni pour toutes les bêtes; chez celles-ci, elle varie, non seulement avec les individus, mais encore avec les espèces. Il existe fort peu d'âmes identiques, c'est-à-dire identiquement voilées.

Cette flamme n'est visible que pour la Trinité, Sainte-

Marie, Saint-Joseph, les Archanges, les Anges et les Esprits habitant au moins le cinq millième ciel.

Le corps ne peut vivre sans l'âme, et celle-ci ne peut penser sans le cerveau, agir sans le corps.

Seul, l'Etre infini pense par lui-même ; les créatures pensent par voie d'inspiration. Toutefois, leur cerveau contient un organe, siège de la volonté, dont un fragment est soumis à l'action directe de l'âme. Ainsi elles sont partiellement libres et responsables.

Quand Dieu ne veut plus d'un être, il éteint la petite flamme de cet être qui, perdant alors toute conscience, toute personnalité, est rendu aux éléments.

V. — LE GOUVERNEMENT DES MONDES ET LES
ESPRITS-FORCES

Le Premier Ministre du Très-Haut, c'est l'Archange Saint-Michel, le vainqueur du Dragon, qui incarnait Satan. Le grand Archange réunit sous son autorité les 7,000 ciels créés, et, pour cette immense mission, il a, si l'on peut s'exprimer ainsi, des exemplaires multiples de lui-même, de sorte qu'il existe autant d'Archanges Saint-Michel de même forme qu'il y a de globes importants.

Après le Premier Ministre viennent les six autres Archanges, ses collaborateurs dans les sept premiers ciels. Ce sont, par ordre hiérarchique : Saint-Julien, Saint-Cyprien, Saint-Basile, Saint-Aimé, Saint-Narcisse et Saint-Charles. Assez récemment, l'ancien Archange Charles et les Archanges Gabriel et Raphaël, usant de leur droit, ont donné leur démission pour monter au 7ᵉ ciel. Le premier, grâce aux œuvres sublimes qu'il a multipliées, s'est élevé en quelques années jusqu'au 2,500ᵉ ciel, et il vise plus haut encore.

L'Archange Saint-Michel est le généralissime de la milice céleste, formée de millions d'anges, et des diverses troupes composées de désincarnés. Il nomme les gouverneurs, qui joignent à l'autorité administrative le pouvoir militaire. Actuellement, l'Archange Saint-Julien gouverne le Paradis, l'ange Démosthènes Lysistrata-Paula, l'ange Gramatoua Uranus, l'ange Julien Jupiter, l'ange Sosthènes Mars, l'ange Néserik Volta, l'ange Gabriel Vénus, l'ange Auziès Saturne, 'ange Romagna Neptune.

Les Chérubins sont les sous-gouverneurs des mondes. Les Esprits n'ont droit au qualificatif de *divin* qu'à partir du 100ᵉ ciel. Exception est faite en faveur de la Sainte-Vierge et de Saint-Joseph. Le Christ et le grand Archange sont de tous les ciels.

Dieu a institué un grand Conseil. La Trinité, la Sainte-Vierge, Saint-Joseph et les Archanges le composent. Il est appelé à donner son avis, notamment sur certaines créations en projet, sur les modifications importantes concernant le régime administratif, sur le sort des Esprits à réincarner par grandes masses. La Trinité assiste à toutes les séances, mais sans prendre part à la discussion ou au vote. Quand le Conseil divin a exprimé son avis, le Très-Haut décide. Parfois cependant, c'est plus tard qu'il déclare sa Volonté.

Les Esprits-Forces sont les Esprits par lesquels Dieu agit sur tous les êtres comme sur toutes les choses, et dont le domaine est plus ou moins étendu.

Je citerai : l'Espace, le Temps, le Passé, le Présent, l'Actualité, l'Avenir, la Vie, la Mort, le Feu, la Lumière, la Chaleur, le Froid, le Beau Temps et le Mauvais Temps, le Vent, la Pluie, le Bien, le Mal, l'Esprit Supérieur, qui contemple les œuvres de Dieu, la Santé, la Maladie, la Médecine, la Guérison radicale, la Gaieté, la Tristesse, la Mélancolie, le Spleen, le Travail, l'Urgence, la Paresse, l'Esprit des bons renseignements et l'Esprit des mauvais, la Liberté, l'Inspiration nº 1 ou le Génie, et l'Inspiration nº 2 ou le Talent, la Science, la Philosophie, la Religion, le Spiritisme, l'Athéisme, le Scepticisme, la Littérature, la Poésie, l'Eloquence, la Musique, la Peinture, la Sculpture, le Commerce, l'Industrie. Si les Esprits généraux sont nombreux, les Esprits particuliers sont innombrables, car il n'existe pas une division du savoir, un mode d'activité, une force, un corps, qui n'ait son esprit. Et ces Etres ne sont point des puissances aveugles, fatales ; ils connaissent la limite imposée à leur action. La passent-ils, ou même seulement tentent-ils de la franchir, ils perdent soudain leur pouvoir et, contraints d'expier, ils laissent leurs fonctions à d'autres.

Lorsque, ici-bas, un auteur crée des figures de roman ou de théâtre, ces fictions prennent là-haut un corps et une âme ; Dieu en fait des Esprits, mais Il les éteint à leur centième année.

VI. — PERTE DE LA FÉLICITÉ ORIGINAIRE

Tous les êtres qui furent ou qui sont encore malheureux ont été créés par Dieu dans notre Paradis ou dans les cinq ciels supérieurs. A l'origine, ils étaient donc heureux ; mais la plupart, même les plus favorisés, ne surent pas modérer leurs désirs, et, dans le dérèglement de leurs passions, ils méconnurent, avec les lois divines, le Divin Législateur. Ils tombèrent donc ; maintenant encore, chaque jour en voit tomber d'autres. Adam et Eve n'ont pas échappé à la règle générale ; mais ce sont bien nos propres fautes que nous expions, car, créés également dans des séjours paradisiens, nous en avons été bannis pour avoir mal usé de notre libre arbitre. Les souffrances de l'homme de bien et du petit enfant se trouvent dès lors justifiées.

Notre Terre a eu des aînées bien plus belles et porant des hommes bien mieux doués de corps et d'esprit. Mais ces successives humanités en étant venues à passer toute mesure dans le mal, ont été détruites avec leurs globes, dont chacun était inférieur au précédent. Ainsi ont disparu ces Terres où des fleuves et même des mers roulaient des flots de lait, de miel, de vins, de liqueurs. Et les années se sont accumulées par millions depuis la fin de la plus ancienne Terre!

VII. — LA VIE DANS L'AU-DELA

La mort ou désincarnation survient lorsqu'un Esprit spécial pique de son trident la cervelle du Terrien et l'enlève. A cet instant, le Double du mortel s'échappe de l'enveloppe d'argile, emportant l'âme.

Abandonnons à la terre le corps qui va s'y dissoudre, qui meurt réellement, et suivons le corps bien plus affiné, l'Esprit, dans sa vie nouvelle. L'Esprit reste quelque temps autour de la Terre, en pleines ténèbres, et parfois des tourbillons l'emportent. Il n'entend rien, ou il perçoit des bruits confus, et, dans le vague de ses souvenirs, il n'est pas assuré d'avoir quitté la vie d'ici-bas. Le spirite, lui, échappe à cette incertitude.

La lumière est rendue au désincarné à l'heure de ses obsèques. Il prend alors conscience de son véritable état, et, tandis que sa famille désolée pleure, dans son

allègresse il sourit et il danse. C'est qu'il n'a plus que
dédain pour sa dépouille, qu'admiration pour son corps
nouveau. A sa volonté, il monte d'un bond à la cime
des arbres, au faîte des maisons; il va et vient dans
l'espace avec une prodigieuse vitesse. Tantôt il marche
ou sautille derrière son corbillard, tantôt il s'assied
auprès du cocher ou se juche sur sa tête. Il cause avec
d'autres Esprits, ayant vite remarqué que les sens des
humains n'étaient point avertis de sa présence.

Le jugement suit de près la cérémonie funéraire. Le
désincarné est transporté devant le Tribunal divin, com-
posé de l'Archange Saint-Michel, président, ou de son
délégué, et de deux Archanges. Aucune défense n'est
admise, car ces divins juges sont inspirés par l'Esprit
de l'Infaillibilité. Le désincarné ne les voit pas, il
entend seulement la voix du Président qui prononce la
sentence. Les petits enfants sont presque tous admis
dans la planète Mars. De très rares élus montent dans
les globes supérieurs. Environ les $9/_{10}$ des hommes et
les $99/_{100}$ des femmes sont condamnés. Depuis la création récente de la planète Volta par le grand Archange
et le grand Radziwill, c'est là que vont, par un effet de

la Bonté divine, les Esprits dont la peine n'a pas une
durée supérieure à six mois; ils s'y trouvent moins
bien que dans Mars, mais mieux que sur la Terre. Un
séjour plus ou moins long autour de notre globe ou dans
Mercure est imposé aux autres : des dizaines d'années
pour la grande majorité, des siècles pour les scélérats.
L'Enfer et l'éternité des peines sont réservés à la horde
des sataniques et à quelques Terriens, déplorables
émules de ces pervers.

A leur désincarnation, les bêtes comparaissent aussi
devant le Tribunal divin. Les modes et les lieux d'expiation sont les mêmes que pour les Esprits des hommes.
Mais tandis que ceux-ci peuvent, par leurs mérites,
monter jusque dans le ciel le plus élevé, le dixième est
le dernier que les animaux puissent atteindre. Toutefois,
après leur expiation, les bêtes peuvent, sur leur requête,
devenir des êtres humains et par suite aspirer aux plus
hautes cîmes.

Mercure se compose de sept cents étages, où les souffrances augmentent graduellement depuis le plus
élevé (le 1ᵉʳ). La peine principale consiste dans l'excès
du froid et de la chaleur, la petite moyenne étant d'une

cinquantaine de degrés, et le maximum de plusieurs centaines. Les expiants sont couverts d'une simple chemise. Certains subissent la pluie de feu alternant avec la douche glacée. Là, point de sommeil ; là, l'estomac est exigeant, et il ne reçoit que quelques haricots par jour ! Aux douleurs violentes s'ajoute la pénible lutte contre la tentation, car des démons passent par intervalle, offrant une nourriture substantielle. Quiconque a la faiblesse d'accepter encourt une condamnation supplémentaire. Et aucun de ces maux n'est ni atténué par l'habitude, dont l'action est écartée, ni adoucie par la présence d'êtres chers, qui expient séparément. Un certain nombre de condamnés, dont la conduite est assez bonne, sont envoyés ici-bas pour y compléter, en s'incarnant, leur expiation. Ils forment les $^8/_{10}$ de la population terrienne ; les deux autres dixièmes se composent d'Esprits tombés directement de Mars. Quant aux condamnés qui ne s'amendent point, ils descendent d'étage en étage, et au bout d'un siècle ils arrivent forcément au 700e. On les précipite aussitôt dans l'Enfer.

L'Enfer, globe d'expiation épouvantable, comprend quinze mille étages. Il est peuplé de démons qui, atta-

chés à de longues chaînes, se démènent furieusement
au milieu des flammes. Leurs corps ne se consument
pas, et ils éprouvent sans répit l'horrible sensation, car
ici comme dans Mercure, l'influence calmante de l'habitude ne s'exerce point. Le feu ne constitue pas d'ailleurs l'unique supplice; d'autres tourments, dont la seule
idée fait frémir, sont infligés à cette funeste élite de
pervers, qui blasphèment Dieu et ne rêvent que le mal.

Satan, leur chef, est enchaîné au plus bas de l'Enfer,
et de là il agit par son fluide sur les habitants
des planètes inférieures; bien plus, en vertu de sa puissance exceptionnelle, il suscite parmi ces habitants une
foule de figures démoniaques, pantins qu'il fait mouvoir
et parler pour commettre le mal et tenter les créatures.
Ce Satan n'est pas le fameux archange rebelle qui sédui-
sit Ève; c'est son successeur, un ex-Terrien ayant passé
par tous les degrés du crime. Le Tout-Puissant a éteint
l'autre, il y a 350 ans.

En règle, on vient de le voir, les peines sont tempo-
raires. Le dogme de l'éternité du châtiment méconnaît
en effet la Justice de Dieu. Sans doute, la créature doit
être punie de ses méfaits, car elle possède une dose suf-

fisante de libre arbitre : à l'assaut des passions furieusement soulevées par les Esprits du Mal, elle peut oppo-
ser la raison et la conscience, fortifiées par les Esprits
du Bien. Si elle ne lutte pas contre les premiers entraî-
nements coupables, elle a grand tort, car elle accroît la
difficulté de les vaincre, et, de mollesse en mollesse,
c'est-à-dire de faute en faute, elle affaiblit sa liberté
morale à tel point qu'il lui devient presque impossible
de résister. Ce n'est que par des efforts extraordinaires,
et en invoquant sincèrement l'appui du Très-Haut,
qu'elle évitera la chute Tombe-t-elle, il est évident que
la sévérité de la peine doit être proportionnée à la gra-
vité de l'infraction. Les législateurs des peuples civi-
lisés ont sanctionné cette règle : osera-t-on pré-
tendre que Dieu la rejette? De ce que sa Justice
n'est pas celle des hommes, osera-t-on conclure qu'elle
est plus confuse, moins équitable, alors qu'étant
parfaite elle doit nécessairement tenir compte des plus
fines nuances? Non, l'homme ne subit dans l'au-delà ni
l'éternité de la géhenne, ni l'éternité de peines moins
terribles ; de telles condamnations sont en nombre rela-
tivement infimes, et frappent des individus ayant

entassé les crimes. Encore ces misérables peuvent-ils s'amender et, un jour, obtenir leur grâce.

Au reste, c'est une erreur très périlleuse pour les Terriens de croire que le repentir éprouvé, ne fût-ce qu'aux approches de la mort, peut effacer les péchés commis. Une telle doctrine est de nature à multiplier les méfaits, car quel homme, surtout en santé, n'espère vivre encore de longs jours ? Et puis, ce serait une façon vraiment trop commode d'éviter le châtiment ! Aussi n'en va-t-il pas de la sorte. Certes, le repentir est très agréable à Dieu ; mais il n'efface tout ou partie des fautes commises, qu'autant qu'il détermine un changement de conduite et des actes méritoires. Survient-il seulement à l'heure où la vie va quitter l'enveloppe terrienne, il n'aura que peu d'effet sur les peines méritées. Le désincarné devra commencer par subir ces peines, dont il ne verra réduire la durée et l'intensité qu'à la condition de se résigner, de prier, d'observer les diverses prescriptions de l'autorité divine. C'est bien la Foi qui le délivrera, mais la seule Foi efficace, celle qui agit et persévère.

Le désincarné garde donc son libre arbitre pendant
l'expiation, et, après, il le garde encore. Qu'on ne croie
pas, en effet, qu'une fois libéré, il s'abîme dans une
extase sans fin, contemplant Dieu face à face : sa desti-
née est bien autrement rationnelle. En sortant de
Mercure, il monte dans Mars, séjour préférable à la
Terre, mais qui n'est pour lui que le premier échelon
de la félicité. Il reste d'ailleurs en danger, car s'il
commet une faute grave, il passe en jugement et re-
tombe dans Mercure, à moins qu'il ne soit réincarné
sur la Terre ou envoyé dans un autre lieu d'expiation.

L'Administration divine assure à tout Esprit admis
dans Mars le confort de la subsistance, du costume et
du logement ; elle lui verse même quelque argent pour
ses menus plaisirs. S'il trouve ce régime insuffisant,
s'il veut une table plus délicate, des vêtements plus
riches, une demeure plus belle, des jouissances moins
vulgaires, c'est au travail qu'il doit les demander :
réalisation d'une œuvre ou exercice d'un métier, d'une
profession. Seulement, dans la seconde alternative, il
ne peut s'installer pour son propre compte qu'avec

l'autorisation du gouverneur de Mars, et seuls les plus dignes l'obtiennent.

Les planètes supérieures jouissent d'un régime analogue, mais avec des avantages plus marqués.

Entre l'organisation d'un ciel et celle d'un autre il existe des différences profondes : que d'êtres, de corps, de régimes, de merveilles, dont les Esprits ne peuvent transmettre aux humains la plus faible notion! Cependant certaines choses persistent, avec une ampleur proportionnée à l'élévation des ciels. Ainsi, tandis que la musique change de base et d'instruments, il y a une langue universelle, ne variant, aux divers degrés de notre Univers, que par l'étendue de son vocabulaire. Cette langue, seule parfaite, se rapproche du sanscrit.

Les Esprits conservent dans notre ciel leur physionomie terrienne; mais si leur conduite est louable, ils obtiennent les modifications de traits qu'ils désirent. La taille du corps est en proportion du mérite, du rang hiérarchique; elle atteint, chez les Esprits supérieurs, des millions et même des milliards de lieues; ils peuvent d'ailleurs la raccourcir à leur gré.

Les habitants de Jupiter et des régions au-dessus jouissent d'une jeunesse et d'une santé constantes. Au-dessous de cette planète, la vieillesse, les maladies et les infirmités punissent les manquements qui ne sont pas assez graves pour entraîner la chute. Au terme de l'expiation, l'Esprit de la guérison radicale projette son fluide sur le libéré, qui recouvre aussitôt tous ses avantages.

La loi divine ne maintient pas, là-haut, les mariages des Terriens. Les anciens époux qui, après acquittement ou expiation, habitent le même globe, doivent, s'ils veulent former un tel lien, déclarer leur commune volonté et faire procéder aux cérémonies prescrites. Au reste, l'union libre est permise. Parfois, le Très-Haut crée des femmes magnifiques qu'il offre en mariage à de grands Esprits ; ceux-ci ne sont pas tenus légalement d'accepter, mais on ne décline pas un tel honneur, bien qu'il entraîne, pour le mari adultère, une peine exceptionnellement rigoureuse.

Dans l'union libre ou conjugale, de la planète Volta au 6° ciel inclusivement, les Esprits peuvent procréer, à la condition d'y être autorisés par leur gouverneur.

Là gestation dure un seul mois, et elle n'incommode point les femmes, qui n'enfantent pas dans la souffrance. Remplis d'allégresse, les enfants croissent à vue d'œil; dès la première année, ils atteignent tout leur développement.

Du 20e au 100e ciel, les Esprits sont androgynes : une seule âme pour deux corps unis par le dos, l'un d'homme, l'autre de femme.

Des plaisirs de toute nature s'offrent aux habitants de Mars et des globes supérieurs de notre ciel. Les Esprits font, pour les goûter, des facultés extraordinaires, au moral comme au physique; mais la plupart ne possédant pas des facultés pécuniaires correspondantes, se trouvent privés de bien des jouissances. Du reste, ils ont à se garder contre les excès et l'illégalité. Si l'outrance du jeu et de la boisson cause force chutes, c'est l'adultère qui, de beaucoup, exerce la pire influence. Demandez aux Esprits quelles fautes ils ont expiées, et vous serez étonnés de la fréquence de cette réponse : « l'amour ! » Or cet amour n'est pas celui de deux êtres libres, c'est l'amour de l'homme ou de la femme adultère. La loi divine n'admet pas, en effet, *les droits de la passion*. Elle autorise bien les époux à se séparer par consentement mutuel, et elle accorde en général le divorce à celui qui le sollicite ; mais tant que l'un est en droit de compter sur la fidélité de l'autre, il y a méfait s'il est trompé, et ce méfait reçoit un redoutable châtiment.

La valeur morale des femmes étant inférieure à celle des hommes, ceux-ci sont bien plus en nombre dans les régions heureuses. Ce n'est que dans Lysistrata-Paula que les femmes, délivrées d'un inspirateur funeste, deviennent sensiblement plus respectueuses de la loi ; encore ne peuvent-elles rivaliser avec les Esprits mâles, soit pour s'élever, soit même pour demeurer.

Parfois, surtout dans la planète Mars, des Esprits, avides d'un surcroît de bien-être qu'ils ont en vain réclamé, osent organiser la révolte contre l'autorité divine. On voit alors des milliards et des milliards de rebelles, sans autre arme que le bâton, s'agiter furieusement sous la conduite de leurs chefs, clamer et protester avec insolence contre les Anges et contre les Archanges. Mais voici la milice céleste commandée par

Saint-Michel ! L'épée haute et flamboyante, elle fond
sur les insurgés, et les blessant, les tuant, elle les jette
en masse dans un immense filet. Puis, les blessés sont
guéris, les morts sont ranimés, et tous, comparaissant en
justice, s'entendent condamner à des peines diverses. Les
meneurs encourent des siècles de Mercure, avec une ou
plusieurs centaines de degrés de froid ou de chaleur.

Il y a près de dix ans, au cours d'une révolte d'énor-
mes proportions, le Soleil fut brisé par Dieu même sur
les têtes des rebelles, tandis que le Divin Archange fai-
sait tomber sur eux la Lune en morceaux. Le Soleil
faiblissait d'ailleurs sensiblement ; son Esprit est devenu
l'Esprit de la mer. Le nouveau a été créé par le Tout-
Puissant, et la nouvelle Lune a été construite en huit
jours par Saint-Michel. J'ajoute que, depuis environ
quatre années, un petit soleil rayonne auprès et à la
droite du grand ; mais un rideau fluidique le rend invisible aux Terriens, sauf à certains spirites qui, par moment, le voient aussi bien que l'autre. Ce mignon Phœ-
bus ne laisse pas de nous réchauffer, et nous le ver-
rons tous quand Dieu aura ordonné d'enlever l'obstacle.

Comment les Esprits résisteront-ils au mal, à ces démons qu'ils voient surgir auprès d'eux pour les inciter au mépris des lois divines ? La plus puissante défense, c'est le travail soutenu par la Foi. Heureux celui qui s'adonne à un labeur quotidien d'une vingtaine d'heures ! Les Esprits peuvent même travailler constamment, car ils n'ont besoin ni de sommeil, ni de nourriture, et des agents spéciaux viennent réparer leurs forces. Du reste, ils sont tenus de suspendre leur tâche chaque dimanche et tous les jours déclarés fériés par les règlements d'en-haut. Ils se livrent alors aux distractions, aux plaisirs, ils folâtrent délicieusement.

A quels travaux doivent-ils de préférence se consacrer ? Les œuvres intellectuelles tiennent le premier rang. La philosophie, les mathématiques, la littérature sous ses diverses formes, la musique, les arts du dessin, donnent la gloire à leurs adeptes fervents, et les élèvent de globe en globe, de ciel en ciel. Mais ceux qui se sentent plus d'aptitude et de penchant pour les travaux manuels ou les exercices physiques peuvent là aussi trouver leur salut ; seulement ils montent moins vite.

On doit d'ailleurs se garder de cultiver plusieurs branches de l'art ou de la science ; car en vain s'efforcerait-on presque sans relâche, la grande supériorité exigée pour l'ascension ne serait pas acquise : le labeur doit être à la fois acharné et concentré.

La sphère d'activité étant choisie, deux marches sont ouvertes. L'Esprit peut préparer un de ces concours organisés dans les astres les plus élevés du premier ciel, et qui ont pour Juge un Esprit très supérieur : un Archange et souvent Saint-Michel, le Christ, parfois Dieu lui-même. Le nombre 20 représente d'ordinaire le maximum des points, c'est-à-dire la perfection. Les concurrents doivent, en règle, improviser pour la musique, l'éloquence et la poésie. Quand la préparation générale des Esprits bien doués a été sérieuse, des *dead heat* se produisent, et un immense auditoire suit avec ravissement les épreuves successives aux sujets toujours plus difficiles, jusqu'à ce qu'enfin un concurrent l'emporte, fût-ce d'une fraction minime de point. Et alors quels applaudissements ! quelles ovations ! Le vainqueur obtient une grande somme, un bel objet d'art et l'entrée dans une région supérieure.

Il est des Esprits qui, sans concourir, réalisent des chefs-d'œuvre. Se cantonnant dans une recherche, dans un sujet déterminés, ne connaissant que les repos obligatoires, ils avancent peu à peu vers la solution, vers la perfection, et à l'heure où ils sentent y être parvenus, ils remettent l'œuvre à l'Esprit qui doit en connaître. C'est ainsi que parfois philosophes, savants, littérateurs, artistes, gagnent directement le septième ciel, et même de plus hauts séjours.

Le septième ciel, voilà d'ailleurs le domaine essentiellement désirable! C'est en effet sur ce plan de notre univers que cesse le péril de la chûte. Des fautes y sont encore commises, mais elles n'entraînent que des ennuis dont les plus marqués sont un châtiment anodin auprès des maux résultant d'une descente forcée ; car tomber de l'un des ciels inférieurs, c'est presque toujours tomber dans Mercure. Enfin, il est une région où châtier n'est plus nécessaire, et où règne une félicité à peu près parfaite : c'est celle qui commence au millième ciel. Ainsi l'a voulu le Tout-Puissant !

Là-haut comme ici-bas, les grands talents et le génie

éclatent presque exclusivement chez les hommes ; les femmes ne déploient ni la même vigueur d'esprit, ni la même force de labeur. Certes, si elles donnaient une grande somme de travail régulier, leurs facultés s'étendraient et se fortifieraient au point de devenir géniales dans un avenir prochain ; mais presque toutes cèdent à l'attrait des fêtes et aux plaisirs des sens. Il faut une exception magnifique, il faut une Velléda, pour conquérir le millième ciel !

Je vais donner les résultats principaux de divers concours qui ont eu lieu entre les Esprits dans ces dernières années. On trouvera l'indication de quelques sujets seulement, les autres ne pouvant être compris des Terriens.

Concours entre Archanges

du 30 octobre au 2 novembre 1896 (quatre jours)

Présidence du Très-Haut

Prix : La Coupe des Radjah.

Le Divin Archange a été premier dans les quatre sortes d'épreuves : littérature, éloquence, poésie, musique. Le résultat d'ensemble a été le suivant :

1, Archange Saint-Michel. — 2. Archange Charles (l'ancien). — 3. Ex-Archange Gabriel. — 4. Ex-Archange Népomucène.—5. Archange Julien.—6. Archange Cyprien. — 7. Ex-Archange Raphaël.

CONCOURS DE BELLES-LETTRES

Grand concours de poésie

30 novembre 1897

Présidence de Radziwil (3600 concurrents et 25 épreuves)

Prix : Un objet d'art.

Le Très-Haut a donné pour sujet de la dernière épreuve : « La Bataille des Élus ».

1, Godson. — 2. J.-J. Roussseau. — 3. Duc de Ravignan. — 4. Clotaire Ier. — 5. V. Hugo. — 6. Lafontaine. —7. Chateaubriand et Lamartine, *ex-æquo*. — 8. Michelet. — 9. A. Thiers. — 10. G. Sand. — 11. Mme de Staël.

Concours de littérature

15 janvier 1898

Présidence de l'Archange Saint-Julien (3002 concurrents)

Prix : La coupe d'Hersepolis.

1. J.-J. Rousseau. — 2, V. Hugo. — 3. Byron. — 4. Lafontaine. — 5. Chateaubriand et Lamartine, *ex-æquo*. — 6. Homère. — 7. Fragonard. — 8. Caïus Gracchus. — 9. Musset. — 10. Adélaïde de Rousquetere.

Concours d'éloquence
7 avril 1898
Présidence du Divin Jésus (5700 concurrents et 97 épreuves)
Prix : Un objet d'art.

1. Godson. — 2. J.-J. Rousseau. — 3. Clotaire Ier. · 4. Archange Saint-Julien. — 5. V. Hugo. — 6. Adélaïde de Rousquetere. — 7. Démosthènes. — 8. La Bruyère, Mirabeau, J. Favre, *ex-æquo.* — 9. Dante, Chateaubriand, Lamartine, *ex-æquo.* — 10. Robespierre.

Concours de littérature
27 mai 1898
Présidence de l'Archange Saint-Michel (1350 concurrents)
Prix : Un objet d'art.

1. J.-J. Rousseau, Radavatapouillé, Godson, Démosthènes, Fragonard, *ex-æquo.* — 2. V. Hugo. — 3. Mousquetaire Narcisse, Modéran, *ex-æquo.* — 4. Gambetta. — 5. Chateaubriand. — 6. Lamartine, Musset, *ex-æquo.* — 7. Byron. — 8. Mirabeau. — 9. Julés Favre. — 10. Turgot.

Concours d'éloquence
22 octobre 1898
Présidence de l'ancien Archange Charles (1205 concurrents et 221 épreuves)
Prix : La coupe de Dieu.

A la dernière épreuve, le Très-Haut a donné pour sujet : l' « Univers ».

1. Godson. — 2. J.-J. Rousseau. — 3. Byron. — 4. Michelet. — 5. Chateaubriand.

Grand concours dramatique

(Préparation du 5 au 15 décembre 1898)

Présidence de l'Archange Saint-Michel (23.650 concurrents)

Prix : Un objet d'art.

1. Radziwill. — 2. Jonas. — 3. Godson.

Grand concours de poésie

25 février 1899

Présidence du Divin Jésus (4.705 concurrents)

Prix : Ascension de cinq ciels

1. J.-J. Rousseau. — 2. Godson. — 3. Lavoisier. — 4. Byron. — 5. Michelet. — 6. V. Hugo. — 7. Chateaubriand. — 8. Lamartine. — 9. Mme de Staël. — 10. Musset.

Concours de littérature

25 mars 1899

Présidence du Divin Jésus (159 concurrents)

Prix : Ascension de deux ciels

1. Archange Saint-Julien. — 2. V. Hugo. — 3. Ex-Archange Gabriel. — 4. Byron. — 5. Michelet. — 6. Comte

Cosmopolis. — 7. Musset. — 8. Webb. — 9. Amourabikof.
— 10. Schneider.

Concours d'éloquence

13 avril 1899

Présidence de l'ancien Archange Charles (2709 concurrents)

Plusieurs Prix : Ascension de un à trois ciels

1. Archange Saint-Julien. — 2. Démosthènes. — 3. Ex-
Archange Raphaël. — 4. Ex-archange Gabriel. — 5. Mirabeau. — 6. Byron. — 7. Gambetta. — 8. Michelet. — 9. J.
Favre. — 10. Clotaire Ier. — 11. Gladstone. — 12. Chateaubriand. — 13. Lamartine.

Très grand concours d'éloquence inter-ciels

28 mai 1899

Présidence du Très-Haut (268,703 concurrents)

Prix nombreux : Ascension de 10 à 2,500 ciels

1. Radziwill. — 2. Boïeldieu. — 3. Velléda. — 4. Ancien
Archange Charles. — 5. Bajoula. — 6. Namourra. — 7. Archange Saint-Julien. — 8. Godson. — 9. Ex-Archange Ma-
rius. — 10. Godson.

CONCOURS DE BEAUX-ARTS

Grand Match de violon

25 janvier 1898

Présidence de l'Archange Saint-Michel (19 épreuves)

Prix : Ascension de deux ciels.

1. Ragotzki. — 2. Marchelli.

Match de harpe

27 janvier 1898

Présidence de l'Archange Saint-Julien (75 épreuves)

Prix : Ascension de trois ciels.

1. Le roi David. — 2. Rolls.

Concours de piano

28 janvier 1898

Présidence de Velléda (27,000 concurrents et 32 épreuves)

Prix : Ascension de deux ciels.

1. Beethoven. — 2. Rubinstein. — 3. Duc de Manchester.

Concours de chant

26 avril 1898

Présidence de Velléda (1507 concurrents et 30 épreuves)

Prix : Ascension de six ciels.

1. J. Bernard. — 2. Gaillard. — 3. Gr. Babeuf. — 4. Micolopoulo. — 5. Clotaire Ier, Tarabouck, *ex-æquo.*

Concours de piano

19 novembre 1898

Présidence de l'Archange Saint-Julien (53.027 concurrents
et 4 épreuves)

Sujet de la dernière épreuve : *La Mer en fureur.*

Prix : Ascension de sept ciels.

1. Marquis de Saint-Ange. — 2. J. César. — 3. Pambou
noff. — 4. Duc Marionoff. — 5. Margali.

Concours de violon

16 janvier 1899

Présidence de l'Archange Saint-Michel (269 concurrents
et 5 épreuves)

Prix : ascension de 4 ciels

1. Marchelli. — 2. Angelia. — 3. Norbert. — 4. Ragotzki.

Match de violon

24 janvier 1899

Présidence de l'Ex-Archange Gabriel (8 épreuves)

Prix : Un objet d'art.

1. Velléda. — 2. Ragotzki.

Concours de piano
2 mai 1899

Présidence de Radziwill (63.902 concurrents et 47 épreuves)
Prix : Ascension de deux ciels.

1. Duc de Manchester. — 2. Marguerite d'Isis. — 3. Marquis de Saint-Ange. — 4. Goupil. — 5. Velléda. — 6. Beethoven. — 7. Abbé Grégoire. — 8. De Ragghi. — 9. Mospoulha. — 10. Rabba.

Grand concours de piano
4 novembre 1899

Présidence de Radziwill (276 concurrents et 9 épreuves)
Prix : Ascension de trois ciels.

1. Rabinigola. — 2. Eugénie de Latour. - 3. Marguerite d'Isis. — 4. Tarinanaya. — 5. Lyobonolli.

Concours de peinture
29 janvier 1898

Présidence de St-Joseph (700.000 concurrents et 79 épreuves)
Prix : Ascension de six ciels.

1. Roi des Six-Orients, Delacroix, Reine Angela, *ex-œquo*. — 2. Nabuchodonosor. — 3. Bataille. — 4. Raphaël. — 5. Michel-Ange.

VIII. — IMPORTANTES EXPLICATIONS
FOURNIES PAR LE SPIRITISME

Comment se forment les hommes de génie ? Comment les chefs-d'œuvre sont - ils élaborés ? Les Terriens destinés aux grandes choses possèdent une âme supérieure, et, en outre, ils donnent asile, parfois fœtus encore, à d'illustres désincarnés, à des anges et à des archanges même qui, ayant failli, ont été condamnés à l'incarnation. Sans doute, ces Esprits, en tombant dans un milieu alourdi et dans un corps grossier, perdent la plupart de leurs dons glorieux; mais ils n'en gardent pas moins une force qui féconde le Terrien, par leur âme qui se joint à son âme, par leur cerveau qui pénètre le sien. Enfin, quand le terrain ayant été préparé par les efforts réunis de l'homme et dè son hôte, le moment est venu de commencer l'Œuvre, survient l'Esprit du génie qui, deux heures par jour, s'incarne dans le travailleur. L'Ange Néron a inspiré le roi David; l'Esprit du Soleil, Hippocrate; l'Ange Basavoua, Homère; Aragon, Aristote; l'ex-Archange Gabriel, Socrate; l'ex-Archange Charles, Çakia-Muni; Saint-Joseph, Tacite; la Sainte-Vierge, Juvénal; Saint-Joseph, Dante; l'ex-Archange Gabriel, Milton; l'Ange Razzi, Cromwell; l'ex-Archange Charles, Luther; l'Ange Rawichoff, Calvin; l'Ange Raphaël, Ragotzki; Térence, Molière; Radzivill, Jean-Jacques Rousseau (un ouvrage excepté); Démosthènes, Mirabeau; l'Esprit du Mistral, Gœthe; l'ex-Archange Charles, Schiller; Saint-Joseph, Beethoven; la Sainte-Vierge, Lamennais; Jules César, Napoléon Ier; Fragonard (non le peintre), Chateaubriand (sauf dans un ouvrage); Pharamond, Madame de Staël; Philippe-le-Bel, Georges Sand; l'Ange Pierre, Gladstone.

Ainsi, habituellement, se passent les choses. Mais lorsque c'est Dieu lui-même, le Christ ou l'Archange Saint-Michel qui font à un incarné le suprême honneur de l'inspirer, tout autre concours devient évidemment superflu : l'œuvre se développe grandiose, exquise,

immortelle. Le Très-Haut a inspiré : Démosthènes,
Bossuet, Corneille, Jean-Jacques dans l'*Emile*; Rouget
de l'Isle, dans *la Marseillaise*, Victor-Hugo, Louis
Pasteur. Le divin Jésus a inspiré : Cicéron, Virgile,
Sénèque, Pascal, Racine, Fénelon, Byron, Chateau-
briand dans *le Génie du Christianisme*, Dumas père,
Alphonse Daudet, Gambetta. L'Archange Saint-Michel
a inspiré : Montaigne, Shakespeare, Lafontaine, Boileau,
Voltaire, Danton, Lamartine, Berryer, Jules Favre.

Quelques auteurs ont joui d'un privilège qui les dis-
pensait de l'effort cérébral : ils écrivaient sous la dictée
d'un Esprit. Platon a dû ses plus belles pages aux
visites de l'Esprit d'Anaxagore, et Alfred de Musset n'a
guère été que le secrétaire de l'ancien Archange Charles.
Madame Becker Stowe, plus favorisée encore, traçait, à
la voix du Très-Haut, les lignes de la *Case de l'Oncle
Tom*. Seulement, tandis que Musset et Platon voyaient
leurs grands bienfaiteurs, Madame Stowe ne voyait pas
Dieu.

Je ferai observer que d'ordinaire les hommes de génie,
et notamment la plupart de ceux dont l'énumération

précède, ont eu des Inspirateurs secondaires. De plus, les Esprits incarnés en un Terrien le développent conformément à sa nature ; et enfin, au point de vue moral, il reste libre de choisir entre les inspirations contraires qui agissent sur lui.

On a vu des bergers, des jeunes gens d'un savoir d'école primaire donner, presque instantanément, l'exact résultat d'opérations de mathématiques telles que les savants les plus rompus au maniement de l'algèbre et des tables de logarithmes faisaient l'effet d'esprits paresseux auprès de ces cerveaux de qualité ordinaire et d'infime culture. Eh bien ! voilà un phénomène spirite ; ce sont les Esprits qui, effectuant mentalement et avec la rapidité de l'éclair les calculs proposés, écrivent ou énoncent la solution, que seuls Inaudi et ses pareils peuvent voir ou entendre.

Le spiritisme, on le trouve encore, avec son action stupéfiante pour les profanes, dans certaines représentations, celles des Isola, par exemple. Ce n'est pas, en effet, le Terrien qui découvre à distance le contenu des poches des spectateurs, les numéros des montres cachées dans leurs goussets, ou les pensées écloses dans leurs cerveaux ; ce sont les Esprits, qui, neutralisant le médium, parlent et agissent par ses organes, ou, entendus de lui seul, l'instruisent de la réponse à donner comme de la démarche à faire. Ainsi s'explique cette fameuse télépathie qui intrigue les hommes de science, et, pour généraliser, les barrières, les distances, qui paraissent colossales au Terrien, sont insignifiantes pour un Esprit.

L'avenir, éloigné ou prochain, reste en général caché aux créatures ; mais, sur certains points, il a été révélé à quelques hommes. Souvent, par la volonté de Dieu, ces prophéties demeuraient longtemps obscures ; puis, un jour venait où leur exactitude apparaissait manifeste. Que ce fût après l'évènement, cette circonstance, en leur enlevant l'intérêt pratique, leur laissait la justesse. Comment expliquer ces prédictions ? Par l'Esprit de l'Avenir qui, incarné dans un mortel, ou directement, mais invisible, dictait à la personne choisie les choses annoncées.

Lorsque notre Double dort dans le corps endormi, les rêves n'ont aucune signification spirite : le cerveau conservant toujours quelque activité forme des images plus ou moins vives, mais sans réalité objective. D'autres fois, au contràire, le Double restant éveillé contemple, parle, agit, et il transmet ses impressions, agréables ou pénibles, au cerveau du Terrien. Quand l'individu est spirite, il arrive à son Périsprit de voyager, non seulement en divers lieux de la Terre, mais aussi dans certains astres, et comme le Double est relié fluidiquement au corps mortel, il peut lui communiquer encore, sous certaines réserves, ses sensations, ses sentiments et ses pensées. Dans l'un et l'autre cas, l'impression reçue par le Terrien est parfois assez forte pour qu'il s'éveille en sursaut. Enfin, mais plus rarement, c'est lui-même qui, avec son corps fluidifié par les Esprits, va visiter les mondes. A son retour, le Sommeil le reprend, et l'Oubli lui enlève le souvenir des choses qu'il ne doit pas savoir encore.

IX. — LA MORALE SPIRITE

La morale spirite n'est pas autre, dans ses grandes lignes, que celle de la plupart des philosophes
et de Jésus-Christ. Dans ses rapports avec ses
semblables, l'homme doit concilier de son mieux le
respect des lois de son pays et la soumission à sa conscience, à sa raison, très sincèrement consultées. S'il tra-
vaille avec courage et se conduit avec droiture, s'il pratique la charité, il pourra sans crainte prendre sa part
des plaisirs ; c'est seulement l'abus qu'on doit prévenir.

Quant aux devoirs religieux, il faut aimer Dieu, le
craindre, le glorifier, le remercier des biens accordés,
et, chaque jour, lui adresser cette Oraison dominicale,
à la fois majestueuse et touchante, que, par la volonté du
Père, le fils a enseignée aux hommes, et que tous les
bons Esprits de notreUnivers disent fidèlement.

Enfin, dans nos relations avec les Esprits, nous devons

honorer les purs, les remercier des lumières qu'ils nous donnent, les prier d'intercéder auprès du Divin Archange en faveur de ceux de nos aimés qui expient là-bas. Cette intercession ne sera point vaine si les pécheurs se sont déjà sérieusement amendés. Mais qu'on n'interroge pas les Esprits sur les intérêts matériels et les évènements futurs, car ceux qui savent ne devant rien dire, les réponses obtenues émaneraient presque toujours de personnages trompeurs. On chasse les Sataniques en invoquant le Très-Haut et en portant des plaintes. Avec la ténacité des pervers ils reviennent souvent à la charge, mais par l'énergie et la foi on rend leurs assauts de moins en moins inquiétants ; car si Dieu veut que nous soyons tentés, il veut aussi que nous soyons récompensés de nos efforts.

X. — APPEL AUX SPIRITES

Bons Spirites de tous pays, permettez-moi de vous adresser un énergique appel. Il est temps de proclamer, de répandre ces grandes vérités de notre doctrine : l'existence d'un Être infini, Créateur, Providence et Juge ; l'incarnation dans les corps terrestres d'Esprits coupables ; la sentence qui attend ces Esprits après leur désincarnation ; l'acquittement quelquefois, mais le plus souvent la condamnation à des peines variables en durée comme en intensité, mais que l'habitude n'adoucit point, et consistant surtout dans les températures extrêmes, la privation totale de sommeil, le supplice de la faim, la séparation d'avec les êtres chers, et le harcèlement des démons ; la possibilité d'atténuer, d'abréger la peine par la résignation, la prière et la résistance aux

tentations sataniques; le séjour assez agréable de Mars
accordé aux libérés, qui se maintiennent, montent ou
retombent selon la conduite qu'ils tiennent; le grand
péril de la chûte conjuré par la foi, la soumission, le
dévouement et le travail; en un mot, une félicité indé-
finiment grandissante pour les Esprits qui se consa-
crent aux nobles tâches, mais, au contraire, des maux
terribles pour les Esprits oublieux des prescriptions
divines et entraînés par les plaisirs inférieurs. Ainsi le
Spiritisme satisfait à la fois le philosophe qui raisonne
et le croyant qui s'incline.

Assurément, Spirites, vous ignoriez un certain nombre des faits et des notions que j'ai exposés; mais ces
choses peuvent vous être confirmées par les Esprits
sérieux que vous avez coutume de consulter. Seulement prenez bien garde aux communications des pervers! Que votre expérience et votre pénétration s'unis-
sent pour les démêler! Vous réussirez en étant vous-
mêmes sincères, fidèles au Bien, poursuivants du Vrai
et enthousiastes du Beau. Mais malheur aux hommes
qui se servent du Spiritisme pour tromper, pour obéir

à des poussées de vanité, d'ambition coupable ou de haine, en un mot, pour faire le mal ! A ceux-là Dieu réserve dès ce monde des peines cuisantes, et dans l'autre un châtiment aussi prolongé qu'effroyable !

TABLE

Paris. — Imprimerie A. MALVERGE, 171, rue Saint-Denis.

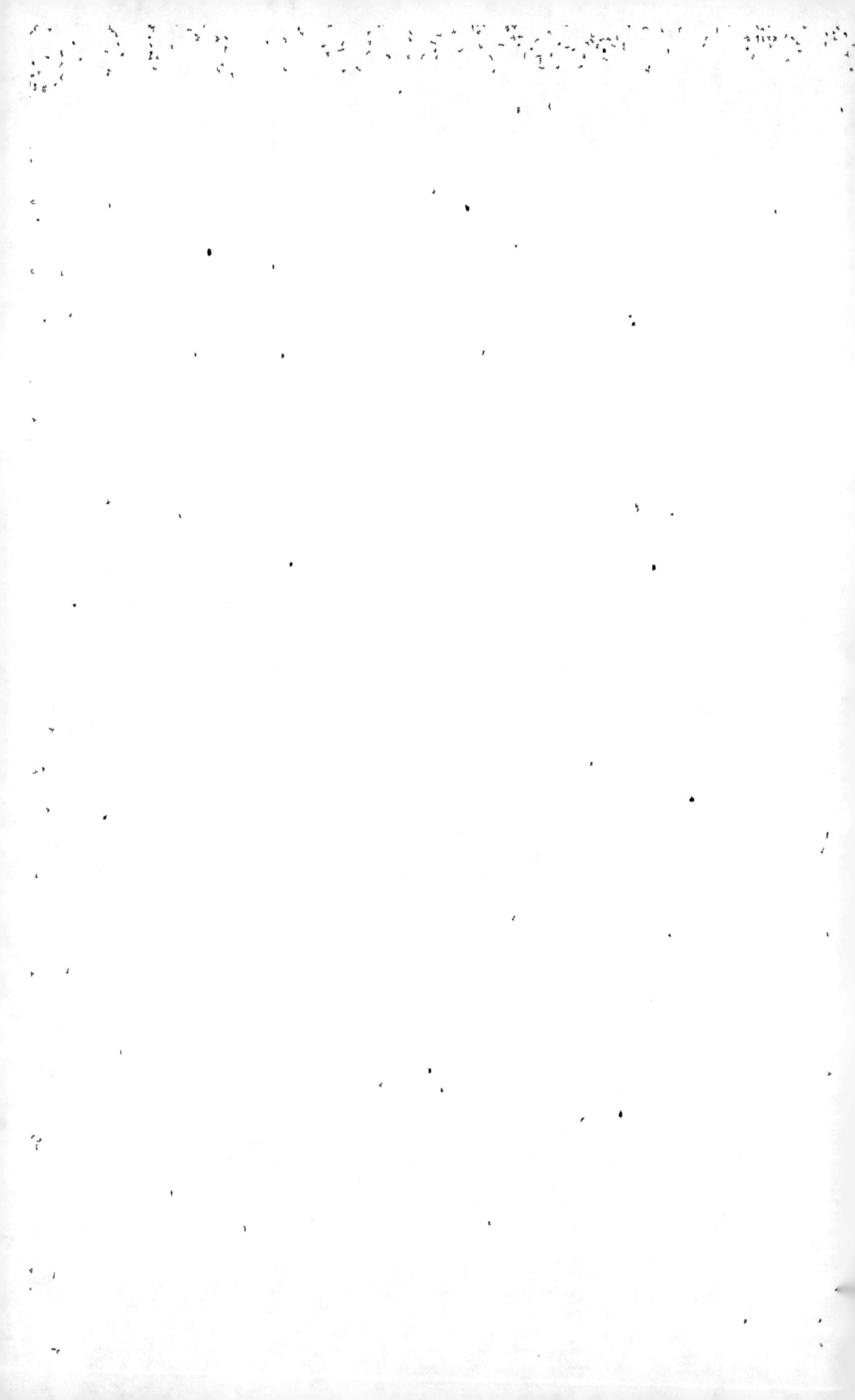

www.ingramcontent.com/pod-product-compliance
Lightning Source LLC
LaVergne TN
LVHW022023080426
835513LV00009B/857